AF321199

FACULTÉ DE DROIT DE PARIS.

THÈSE

POUR LA LICENCE.

L'acte public sur les Matières ci-après sera soutenu
Mercredi 21 août 1833, à une heure,

Par J.-G.-Edmond **GRAVIER DE VERGENNES**,
Né à Cheney (Yonne).

Président, M. Poncelet, professeur;

Suffragans, { MM. Blondeau,
Berriat-St.-Prix, } professeurs.
Pellat,
Valette, suppléant.

Le Candidat répondra en outre aux questions qui lui seront faites sur les autres
matières de l'enseignement.

PARIS,
IMPRIMERIE DE DECOURCHANT,
RUE D'ERFURTH, N° 1.

1833

A mon Père.

JUS ROMANUM.

DE TUTELÆ ET RATIONIBUS DISTRAHENDIS ET UTILI CURATIONIS ACTIONE.

(Dig. lib. 27, tit. 3.)

Nascuntur ex administratione tutelæ duæ actiones : directa et contraria.

Actio tutelæ directa competit pupillis et hæredibus eorum contra tutorem et ejus hæredem. Etiam competit contra tutoris patrem, qui convenitur, in solidum si tutorem filium suum agnovit, aut in tutelæ administrationem se immiscuerit ; si non agnovit, duntaxat de peculio. — Varie autem tenetur filiusfamilias ; ante emancipationem in quantum facere potest, post emancipationem in solidum. Unde tutor qui tutelam administrat prout gerit, in singulas res per tempora velut ex pluribus causis obligari videtur.

Si plures tutelam pupilli administraverint, tres casus distinguendi sunt : an inter illos tutores indivisa sit administratio ; an in divisionem deducta sive præsidis, sive testatoris voluntate ; an a semetipsis. In primo et tertio casu, pupilli ad libitum quisque tenetur : in secundo, unumquemque pro sua administratione convenire potest, ita

ut si non sint solvendo contutores, prius ad magistratus qui eos dede-
runt vel ad fidejussores veniatur.

Variis beneficiis uni ex pluribus tutoribus in solidum actione tutelæ convento subvenitur :

1° Beneficio divisionis per quod omnes qui simul gesserunt tutelam, si solvendo sint, inter eos pro portionibus virilibus dividitur
actio;

2° Exceptione ordinis : hæc exceptio eis qui non tutelæ adminis-
trationi se immiscuerunt contra ei qui tutelam gessit dabitur. Quod
tamen ex rebus pupilli ad tutores non pervenit et communi negligentia periit, omnium periculum spectat;

3° Exceptione cedendarum actionum per quam tutor in solidum
conventus, tamen non aliter in solidum solvere tenetur, quam si pupillus adversus cæteros tutores suas actiones cedit. Non solum ante,
sed etiam post condemnationem hoc beneficium competit tutori;
quod si actiones pupilli non ei mandatæ sint, utilis actio tutori adversus contutorem dari debet.

Nisi finita tutela sit, tutelæ agi non potest. Igitur si adhuc impu-
bes tutelæ agat, nihil consumitur. Sufficit autem finitam esse tutelam ex parte tutoris, quamvis pupillus nondum sit suæ tutelæ. Si
quis desierit esse tutor, quamvis speretur adhuc fore tutor, et etiam
hæc spes confirmetur, tutelæ tamen hic erit locus. Aliæ pupillo,
quamvis durante tutela, dantur actiones quæ tamen non exercentur,
nisi sit contutor a quo agere possit. Actio tutelæ quondam perpetua,
nunc triginta annorum. Judicio tutelæ conficere et postea reddere
tutor pupillo rationes actus sui cogitur; et si non exhibet eas, in
quæstionem servi interrogari poterunt.

Hæc ratio reddenda de eo quod tutor in tempore quo duravit tutela gessit aut gerere debuit, et veri patrimonii, sed non quale illud
falso testator esse dixit. Non solum tutori quod ab aliis, sed et quod
a se non exegerit, imputari debet. Tandem in hoc judicio venit
quidquid recepit tutor aut recipere debuit.

Dolo, vel lata, vel levi culpa tenetur tutor tam in amittendo quam in omittendo ; ideo tenetur afferre erga pupillaria bona diligentiam eamdem quam paterfamilias suis rebus ex bona fide præbere debet.

Usuræ in hoc judicium veniunt pecuniæ pupillaris non solum usque ad finem tutelæ, sed in diem quo tutor restituit eam. Ex eo modo hæ dividuntur usuræ : legitimæ et pupillares. Primos debet tutor in pluribus casibus a lege designatis specialiter, et ita ut unum nummum in centum per singulos menses præstet. Ex cæteris causis pupillares usuras præstat, id est secundum morem provinciæ, aut quincunces, aut trientes, aut si quæ aliæ leviores in provincia frequentantur.

Habet privilegium pupillus in bonis tutoris, sed hoc privilegium non egreditur personam pupilli, nec illius hæredi competit, nec condemnato tutori adversus contutorem cedi potest.

Competit præterea pupillo ex lege xii Tabularum aliud judicium de rationibus distrahendis de quo nemo tenetur nisi, in tutela gerenda, rem ex bonis pupilli abstulerit. Hoc perpetuum pœnale et quod non datur nisi finita tutela, omnes tutores, sive legitimos, sive de jure nominatos, tenet. Imo cum actione tutelæ concurrit, sed ita ut alia alteram tollat. Etiam cum condictione ex furtiva causa concurrit; sed si tutor simul furti tenetur, altera alteram non tollit.

Ex administratione curæ et post curam finitam competit actio negotiorum gestorum utilis danda adulto contra curatorem in eadem quæ in actionem tutelæ veniunt.

DE CONTRARIA TUTELÆ ET UTILI ACTIONE.
(Tit. 4.)

Actionem tutelæ contrariam prætor proposuit ut tutores facilius ad administrationem accederent. Hæc actio, perpetua, solum finito officio, hæredi et in hæredem competit. In hanc venit quidquid pro pupillo impenderit, etiam sumptus qui non profecerunt aut ultra pupilli facultates sunt, si ex officio et justa causa impendendi habuerit tutor. Competit tutori judicium contrarium etiam antequam solvat, si pro pupillo se obligavit. Cum tutori debetur aliud quam quod pro tutela impendit, ut puta si a patre pupilli ei debeatur, cum integra sit actio tutori, non hoc regulariter in contrarium judicium deducendum, nisi tamen expectavit quia tutor erat et ideo non exegit; in eo casu, si ex causa quæ tempore finitur obligatio fuit, tum erit tutelæ contrarii judicii locus.

Erit arbitrii tutoris utrum compensare an petere velit sumptus. Usuras petere potest tutor quæ, quoad ei reddatur pecunia, debebuntur.

Nunquam ad hoc competit judicium contrarium ut quis a pupillo exigat liberationem.

Datur quoque curatori contraria actio negotiorum gestorum utilis curationis causa.

DE FIDEJUSSORIBUS ET NOMINATORIBUS, ET HÆREDIBUS TUTORUM ET CURATORUM.
(Tit. 7.)

In actionem tutelæ hæc adversus hæredes tutoris venire dicimus:
1° Quod penes tutorem fuit, et non solum ipsam pecuniam, sed

usuras quoque ejus pecuniæ quam pupillarem agitavit præstare debet tutoris hæres. Quod autem apud pupillum tutor reliquit, si hæres capit, utili actione hoc reddere compellitur.

2° Venit in hac actione tutelæ, ut exhibeat hæres omnia inventaria et instrumenta pupillaria, ex quibus cognosci possit patrimonium pupilli; et si dicat se illa non invenisse, non excusabitur, nisi sit ignorantia cui subvenitur constitutionibus, sed solum si lite contestata tutor non decesserit.

3° Venit adversus hæredes tutoris quidquid tutor ex quavis causa pupillo debuit, et etiam quod tutor dolo aut lata culpa peccavit.

4° Denique tenentur hæredes tutorum de proprio facto circa ea quæ connexa sunt: igitur ex propria administratione tutelæ judicio conveniri possunt; sed negligentia plane propria eis non imputabitur.

Datur pupillo, finita tutela, actio ex stipulatu adversus fidejussores tutorum, in id omne cujus nomine actione tutelæ teneretur tutor pro quo fidejusserunt. Item adversus affirmatores et nominatores datur actio.

DE MAGISTRATIBUS CONVENIENDIS.

(Tit. 8.)

In magistratus municipales datur actio subsidiaria.

Magistratus huic obnoxii sunt cum tutorem aut fidejussorem non idoneum, aut omnino moniti non dederint. Probatio autem non pupillo incumbit ut doceat fidejussores solvendo non fuisse, sed magistratibus ut doceant eos solvendo fuisse.

Non tantum pupilli, sed etiam eorum successores subsidiaria agere possunt contra magistratus et etiam hæredes eorum; sed in hoc postremo casu solum quando lata culpa magistratus cautum pupillo non est.

Hæc actio nunquam competit adversus prætorem aut præsidem, aut adversus magistratuum fidejussores, aut tandem in ordinem, nisi in se periculum receperit. Duumviri hoc judicio tenentur singuli in solidum, etiam si contra inter eos convenerint: aliquando tamen ordinis et etiam divisionis beneficium habent.

Eadem veniunt in hac actione quæ venirent in actione tutelæ adversus tutores ipsos; igitur usuræ peti possunt. Attamen privilegium in bonis magistratuum pupillus non habet, sed cum cæteris creditoribus pro rata parte venit.

DROIT FRANÇAIS.

ADMINISTRATION DU TUTEUR ET COMPTE DE TUTELLE.
(Code civ., 45o, 475.)

L'administration de la tutelle comprend deux obligations princi-
pales, l'une relative à la personne du pupille, l'autre à ses biens. Le
législateur s'est montré fort laconique sur la première de ces obligations, et cela vient de ce qu'il a envisagé le cas le plus commun :
celui où la tutelle est exercée par de proches parens, et où par con-
séquent, pour le développement et l'application du principe qu'il n'a
fait qu'indiquer, on peut se confier à leur affection pour leur pupille,
et aux sentimens qu'on doit naturellement leur supposer. Toujours
est-il cependant que ce principe est exprès et que le tuteur doit prendre le plus grand soin de la personne du pupille. La loi lui
permet aussi, s'il a des sujets de mécontentement graves, de porter
ses plaintes au conseil de famille, et, d'après son autorisation, provoquer la réclusion du mineur. Hormis ce dernier cas, on ne voit pas
que la loi ait voulu prescrire l'intervention du conseil de famille relativement aux soins à rendre à la personne du pupille, si ce n'est
cependant dans l'art. 454, où le conseil, en réglant par aperçu la dé-

pense annuelle du mineur, oblige indirectement le tuteur à conformer l'éducation du pupille à sa fortune et à ses ressources.

Quant à l'administration des biens du pupille, le Code s'étend beaucoup plus sur les règles qui doivent la régir, et pose d'abord en principe général que le tuteur doit administrer en bon père de famille et répondre des dommages et intérêts résultans de sa mauvaise gestion (450). Cette gestion se divise en plusieurs parties relativement à l'étendue des pouvoirs du tuteur; mais, avant d'entrer dans ces divisions, il faut connaître les obligations qu'il devra remplir en commençant sa gestion.

Le tuteur entre en fonctions du jour de sa nomination faite en sa présence; sinon, du jour qu'elle lui aura été notifiée. — Dans les dix jours qui suivent cette nomination dûment connue de lui, il doit requérir la levée des scellés, s'ils ont été apposés, et immédiatement après cette levée faire procéder à l'inventaire des biens du mineur en présence du subrogé-tuteur. Cet inventaire doit être exact et complet, car c'est d'après cette base, établissant l'état de la fortune du pupille, que le tuteur est obligé de rendre ses comptes. Outre qu'il est responsable, au profit du mineur, des dommages et intérêts qui auraient pu résulter du défaut de cette formalité, de plus on pourra provoquer sa destitution, comme coupable d'infidélité.

Pour prévenir les fraudes du tuteur, qui pourrait venir réclamer une créance éteinte, après avoir supprimé la quittance tombée entre ses mains depuis l'inventaire, la loi l'oblige à déclarer dans cet inventaire s'il lui est dû quelque chose par le mineur, à peine de déchéance de sa créance; et enfin, pour qu'il ne puisse alléguer son ignorance des dispositions de la loi, l'officier public est tenu de lui demander cette déclaration par une réquisition dont mention sera faite au procès-verbal.

Dans le mois qui suit la clôture de l'inventaire, le tuteur fera vendre, en présence du subrogé-tuteur et avec les formalités énoncées en l'art. 452, tous les meubles autres que ceux que le conseil de famille l'aurait autorisé à conserver en nature ; en effet, les meubles étant sujets à se détériorer facilement, et perdant chaque jour de leur valeur première, il y a le plus souvent bien plus d'avantage à vendre ces meubles et à en placer l'argent au profit du mineur. Le mot meuble, dans ce cas, ne comprend pas les meubles incorporels, tels que les rentes et les créances.

Quant aux pères et mères tuteurs qui ont la jouissance légale des biens du mineur, ils sont dispensés de vendre les meubles, s'ils préfèrent les garder pour les remettre en nature ; autrement ce serait porter atteinte à ce droit de jouissance qui leur est dévolu par la loi. Cependant ils devront faire faire, à leurs frais, une estimation à juste valeur par un expert qui sera nommé par le subrogé-tuteur, et qui prêtera serment devant le juge de paix. C'est d'après cette estimation qu'ils rendront la valeur de ceux des meubles qu'ils ne pourront représenter en nature.

Lors de l'entrée en exercice de toute tutelle autre que celle des pères et mères, le conseil de famille réglera, par aperçu et selon l'importance des biens régis, la somme à laquelle pourra s'élever la dépense annuelle du mineur, ainsi que celle d'administration de ses biens. Le tuteur ne doit point généralement dépasser la somme fixée, du moins d'une manière sensible ; mais si l'augmentation de dépense devient sensiblement plus forte, il devra demander une nouvelle fixation de la part du conseil de famille. Au reste, cet aperçu, fixé et réglé par le conseil, ne constitue pas un forfait à l'égard du tuteur, et celui-ci n'en est pas moins tenu d'établir ses comptes et de justifier de ses dépenses. Quant aux pères et mères tuteurs naturels, on les a dispensés de cette formalité, parce que d'abord, pendant au moins un certain temps de la tutelle, ils ont ordinairement la jouissance des biens de leurs enfans, et qu'aussi la fixation de la somme nécessaire pour l'entretien de leurs enfans et l'administration de leurs biens est un acte de la puissance paternelle que la qualité de tuteur ne restreint pas. Enfin, comme il pourrait arriver que des administrateurs particuliers fussent nécessaires au tuteur, vu l'étendue ou l'éloignement des biens du pupille, ce même acte qui fixe l'aperçu de la dépense doit aussi spécifier si le tuteur sera autorisé à s'aider dans sa gestion d'un ou de plusieurs administrateurs.

Une autre fonction du conseil de famille est encore de déterminer positivement la somme à laquelle commencera, pour le tuteur, l'obligation d'employer l'excédant des revenus sur la dépense; cet emploi devra être fait dans le délai de six mois, passé lequel le tuteur devra les intérêts à défaut d'emploi. Le tuteur peut faire cet emploi comme il le juge utile, et s'il a placé la somme fixée avant le délai déterminé, les intérêts n'en courront pas moins au profit du pupille, ce délai n'ayant été accordé au tuteur que pour trouver un placement avantageux au mineur. Mais s'il a négligé de faire déterminer la somme dont nous venons de parler, il devra les intérêts de toute somme non employée, quelque modique qu'elle soit, six mois après qu'il l'aura reçue.

Tels sont les devoirs du tuteur à son entrée en gestion; il y en a d'autres qu'il doit également remplir pendant le cours de cette gestion, et qui consistent à représenter le mineur dans les actes civils, à l'exception de ceux purement personnels au pupille : tels sont le mariage et le testament. Quelle est aussi l'étendue des pouvoirs du tuteur relativement aux actes à faire ou à ne pas faire pendant la gestion? Ces actes peuvent se diviser en quatre classes que nous allons passer en revue l'une après l'autre, commençant d'abord par les actes que le tuteur ne peut absolument faire.

1º Le tuteur ne peut acheter les biens du mineur, même aux enchères publiques; il serait à craindre en effet qu'il n'écartât les enchérisseurs en donnant de faux renseignemens sur la nature ou la valeur des biens; il ne peut non plus se rendre cessionnaire d'aucun droit ou créance contre son pupille, parce que le danger de la suppression des titres, quittances, décharges ou remises dont le tuteur est dépositaire, subsisterait toujours. Dans ce cas cependant, quoique

(13)

la créance fût nulle par rapport au tuteur, elle resterait valable quant
au cédant, les motifs de nullité n'existant plus.

2° Il y a des actes pour lesquels l'autorisation du conseil de famille est nécessaire ;

Cette autorisation est exigée pour l'acceptation et la répudiation
d'une succession échue au mineur, et même l'acceptation devra être
faite sous bénéfice d'inventaire: si cette succession répudiée n'a pas
été acceptée par un autre, le tuteur, avec une nouvelle autorisation
du conseil de famille, ou le pupille devenu majeur, pourront la re-
prendre, mais seulement dans l'état où elle se trouvera lors de la
reprise; — Pour accepter la donation faite au mineur, à moins que le
tuteur ne soit père, mère ou tout autre ascendant; — Pour in-
troduire en justice une action relative aux droits immobiliers du
mineur, ou acquiescer aux mêmes droits; car le tuteur n'a pas
qualité pour aliéner les droits immobiliers du pupille; — Pour provoquer un partage, ce qui serait une autre sorte d'aliénation; ce
partage s'entend des biens meubles comme des immeubles : il doit
être fait en justice et suivant les formalités énoncées (art. 466) pour
qu'il ait à l'égard des mineurs tout l'effet qu'il aurait entre majeurs.
Tout autre partage ne serait que provisionnel.

Enfin l'autorisation du conseil de famille est encore nécessaire
pour que le tuteur puisse vendre et transférer les rentes excédant
5o fr. de revenu et pour que le subrogé-tuteur puisse donner à bail
au tuteur les biens du mineur. Si, dans ce dernier cas, il n'y avait
pas eu d'autorisation, le bail pourrait, d'après la demande du mineur
devenu majeur ou émancipé, être regardé comme non avenu, et le
subrogé-tuteur serait responsable avec le tuteur.

L'importance des actes que nous venons d'énumérer a fait appor-
ter ces restrictions au pouvoir du tuteur; il en est d'autres encore
plus importans pour lesquels, outre l'autorisation du conseil de famille, il faut encore l'homologation de cette autorisation par le tribunal de première instance, sur les conclusions du ministère public

et en la chambre du conseil, afin de ne pas livrer à la curiosité publique des affaires intérieures de famille. Voici l'énumération de ces actes :

3° L'autorisation du conseil de famille a besoin d'être homologuée pour emprunter pour le mineur, aliéner ou hypothéquer ses immeubles, et cette homologation ne doit être accordée que dans les cas de nécessité absolue ou d'avantage évident. Le conseil de famille devra indiquer les immeubles qui devront être vendus de préférence et toutes les conditions qu'il jugera utiles.

Il faut encore l'homologation et de plus l'avis de trois jurisconsultes désignés par le procureur du roi au tribunal de première instance, pour que le tuteur puisse transiger au nom du mineur.

Si dans tous ces actes le tuteur s'est en tous points conformé aux dispositions de la loi, ce qu'il a fait est censé fait par le mineur parvenu à l'âge de majorité, et celui-ci ne peut les méconnaître sous prétexte de lésion ou de minorité.

Toutefois, quoique dans la vente des immeubles du mineur et la provocation du partage il faille, pour les deux cas, l'autorisation du conseil de famille, et de plus, pour le premier, l'homologation de cette autorisation, toutes ces formalités cessent d'être exigées quand la vente est poursuivie contre le mineur à la requête d'un copropriétaire ou d'un créancier, et quand le partage est de même demandé contre le mineur. En effet, il n'y a pas besoin pour ces actes de demander au conseil de famille une autorisation qu'il ne pourrait pas refuser.

4° Enfin, il y a les actes que le tuteur peut faire de son propre mouvement et d'après la nature de son mandat ; ce sont tous les actes autres que ceux qui viennent d'être énumérés ; car lorsque le législateur a jugé à propos de limiter le pouvoir qu'il lui a confié, il l'a fait afin que le tuteur pût exercer ce pouvoir librement dans tous les autres cas, sauf à répondre de sa mauvaise administration.

Les actes attribués au tuteur d'après son mandat sont, en général, tous les actes conservatoires et de simple administration.

COMPTES DE LA TUTELLE.

La dernière obligation du tuteur est celle de rendre compte à la fin de sa gestion.

Jusque là tout tuteur, autre que le père et la mère, peut être tenu, même durant la tutelle, de remettre au subrogé-tuteur des états de situation de sa gestion aux époques que le conseil de famille aura jugé à propos de fixer, sans néanmoins que le tuteur puisse être astreint à en fournir plus d'un chaque année.

Les personnes auxquelles le compte définitif doit être rendu varient suivant les différentes manières dont finit la tutelle. Ainsi, du côté du mineur, la tutelle finit par la mort naturelle ou civile : le compte est rendu aux héritiers ; par l'émancipation : le compte est rendu à l'émancipé assisté d'un curateur nommé par le conseil de famille ; enfin par la majorité du mineur, et alors c'est à lui seul que le compte est rendu.

Du côté du tuteur la tutelle finit par la mort naturelle et civile, par sa démission, par sa destitution, et par l'expiration du temps pour lequel il avait été élu, ou l'accomplissement de la condition qui devait mettre fin à sa gestion. Dans le premier cas les héritiers doivent rendre compte, et dans les autres le tuteur. Enfin, de quelque manière que finisse la tutelle du côté du tuteur, le compte doit être rendu au nouveau tuteur.

Quoique la tutelle soit finie, le tuteur n'en doit pas moins, tant que les comptes ne sont pas rendus, que le mineur n'a pas encore ses titres et ses papiers, faire les actes qui ne peuvent souffrir aucun retard, et continuer les procès commencés.

Le tuteur doit avancer les frais du compte, qui cependant sera payé en définitif par le pupille ; et quoique les dépenses qu'il a faites n'aient été d'aucun avantage pour le mineur, on ne devra pas moins les lui allouer, si elles sont suffisamment justifiées et si elles avaient un but véritablement utile.

Si le compte donne lieu à des contestations, elles seront poursuivies et jugées comme les autres contestations en matière civile et devant le tribunal du lieu où la tutelle a été déférée. Le succombant paiera les frais.

La somme à laquelle s'élèvera le reliquat dû par le tuteur portera intérêt sans demande à compter de la clôture du compte, parce qu'un pupille, quoique devenu majeur, par suite de la reconnaissance qu'il a souvent pour son tuteur, de l'empire que ce dernier peut avoir conservé sur lui, aurait souvent de la répugnance à le poursuivre en justice. Mais comme les mêmes motifs n'existent plus pour le tuteur à l'égard du mineur, les intérêts de ce qui sera dû au tuteur par le mineur ne courront que du jour de la sommation de payer qui aura suivi la clôture du compte.

Tout traité qui pourra intervenir entre le tuteur et le mineur devenu majeur sera nul, s'il n'a été précédé de la reddition d'un compte détaillé, et de la remise des pièces justificatives, le tout constaté par un récépissé de l'oyant-compte, dix jours au moins avant le traité. Cette disposition s'applique à tout traité qui devrait avoir pour effet, même indirectement, d'affranchir, moyennant la somme ou la chose convenue par le tuteur, celui-ci de l'obligation de rendre compte. Il était à craindre que le mineur, pressé de jouir de ses biens, ne sacrifiât trop aveuglement une partie de ses droits.

Le traité qui néanmoins interviendrait sur un objet particulier serait valable. Le tuteur ne peut se prévaloir de la nullité du traité.

Dans l'intérêt du tuteur, pour lequel la tutelle est une charge grave qui peut peser quelquefois très-long-temps sur sa tête, la loi a limité à dix ans l'action du mineur contre son tuteur relativement aux faits de la tutelle. Mais la loi ne parlant pas de la prescription de l'action contraire du tuteur contre le mineur, il faut en conclure qu'elle ne se prescrit que par le temps ordinaire.

REDDITION DE COMPTE.

(Code de Procédure, 528—542.)

Toute personne qui a géré les biens et les affaires d'autrui est assujettie à rendre compte, c'est-à-dire à présenter l'état détaillé de ce qu'elle a reçu et dépensé pour lui. .

Tout administrateur doit rendre ce compte soit à l'amiable, soit en justice, et, dans ce dernier cas, devant le tribunal, soit de son domicile, soit du lieu où la tutelle a été déférée, si c'est un tuteur. Les comptables commis par justice doivent être poursuivis devant les juges qui les auront commis.

Le délai dans lequel le compte sera rendu sera fixé par le jugement portant condamnation de rendre compte, lequel jugement doit commettre un juge.

On doit comprendre dans ce compte les recettes et les dépenses effectives; dans ces dépenses entreront les frais nécessaires à la reddition de compte, qu'il est juste de faire supporter à l'oyant; il sera terminé par la récapitulation de la balance desdites recettes et dépenses. Quant aux objets à recouvrer, on en fera un chapitre particulier.

Dans le délai fixé et au jour indiqué, le rendant présentera et affirmera son compte en personne ou par procureur spécial, les oyans présens ou dûment appelés. Si le rendant néglige de satisfaire à cette obligation, il y sera contraint par saisie et vente de ses biens, et même par corps, si le tribunal l'estime convenable. Après cette présentation et cette affirmation, si la recette excède la dépense, l'oyant pourra requérir du juge-commissaire exécutoire de cet excédant sans approbation du compte.

Le compte et la communication des pièces justificatives sont donnés à l'avoué de l'oyant ; si les oyans ont le même intérèt et qu'ils aient constitué avoués différens, elle sera faite au plus ancien de ces avoués, et à chaque avoué, si leurs intérêts sont différens ; quant aux créanciers intervenans, cette communication sera faite au plus ancien de leurs avoués.

Au jour et heure indiqués par le commissaire, les parties se présentent pour fournir débats, soutènemens et réponses. S'il n'y a pas d'accord entre elles, ou si les parties ne se présentent pas, l'affaire sera portée à l'audience sur un simple acte.

Le jugement contiendra le calcul de la recette et de la dépense, et fixera le reliquat précis, s'il y en a. Il n'y a pas lieu aux demandes en révision de compte, sauf aux parties, s'il y a erreur, omissions, faux ou doubles emplois, à former leurs demandes devant les mêmes juges.

Lorsque l'oyant est défaillant, si le rendant est reliquataire, il gardera les fonds sans intérêts, et s'il ne s'agit pas d'un compte de tutelle, il donnera caution, si mieux il n'aime consigner.